AF245272

L'IMPÔT FONCIER

ET L'INDUSTRIE SUCRIÈRE

A LA GUADELOUPE.

MÉMOIRE CONSULTATIF

RÉDIGÉ POUR LE COMITÉ DES USINES DE LA GUADELOUPE

PAR

M. E. LE DENTU

AVOCAT AU CONSEIL PRIVÉ.

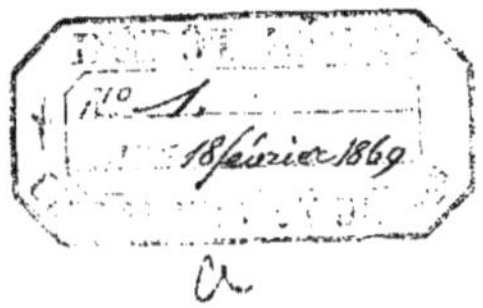

BASSE-TERRE (GUADELOUPE).

IMPRIMERIE DU GOUVERNEMENT.

—

1869.

INTRODUCTION.

L'impôt, quelque nécessaire qu'il soit, a toujours rencontré chez les citoyens de toutes conditions une répugnance plus ou moins vive. Faut-il en chercher la cause dans l'affection exagérée du contribuable pour cette faible part de sa fortune dont l'intérêt public lui demande l'abandon? On la trouve plutôt dans la crainte toujours présente d'un froissement de l'intérêt individuel.

Le sentiment de la propriété est méfiant, presque ombrageux; mais ses susceptibilités sont d'autant plus respectables que le principe en est plus légitime et plus sacré. A la seule pensée d'une inégalité, d'une disproportion dans la répartition de l'impôt, d'une lésion quelque légère qu'elle soit, l'intérêt privé s'émeut et se trouble. Quelle perturbation ne doit donc pas lui faire ressentir l'incertitude sur le droit même de ceux qui lui portent atteinte? Calme et résigné sous la main qui a le pouvoir de le frapper, il se redresse au moindre doute sur ce pouvoir.

Ce trouble, la Société entière doit l'éprouver, soit comme créancière, soit comme débitrice de l'impôt.

Comme créancière, car si, dans toute contribution votée sans droit, il y a un abus grave contre la propriété, il est certain que la bonne foi préside à cet abus; lequel des deux, dès lors, ou de la société qui en profite, ou du contribuable qui en souffre, doit avoir plus de hâte de le voir cesser?

Comme débitrice, car la violation des principes au préjudice d'un seul anéantit pour tous la sécurité. C'est la vieille histoire toujours vraie du feu à la maison voisine : *paries quùm proximus ardet*.

De là l'intérêt qui doit s'attacher à toute question de *compétence en matière d'impôt*.

En France, les questions de cette nature ne peuvent guère se produire. C'est le Corps législatif qui asseoit les impôts, en règle la perception et la taxe. Les difficultés qui s'élèvent entre l'État et le contribuable ont trait le plus souvent à l'application de l'impôt aux individus, mais n'en sauraient affecter le principe, l'existence même.

A la Guadeloupe, il en est autrement. Si à certaines époques les assemblées ou les autorités coloniales ont eu la plénitude des pouvoirs en matière de contributions publiques, elles ne l'ont plus aujourd'hui. La compétence en cette matière se partage entre le pouvoir métropolitain et le pouvoir local, suivant certaines distinctions.

Dans le vote et le recouvrement de tout impôt on distingue trois éléments : *l'assiette, les règles de perception* et *la taxe*.

L'assiette d'un impôt, c'est celle des branches de la fortune publique qu'il se propose d'atteindre. Cette fortune se divise, on le sait, en diverses sources de richesse ; telles sont *la propriété foncière, le commerce, l'industrie*. Chacun de ces capitaux ayant ses revenus propres a aussi ses charges spéciales. D'où cette règle fondamentale qu'un impôt assis sur tel ou tel élément de la richesse publique, ne doit, sous aucun prétexte, franchir les limites de sa propre assiette pour atteindre un autre capital.

Quant aux *règles de perception* de l'impôt, c'est l'ensemble des mesures propres à en assurer la réalisation, mesures qui comprennent notamment la base d'évaluation et le mode de recouvrement de chaque contribution.

La taxe enfin n'est autre chose que la tarification de l'impôt.

Dans la contribution foncière sur les maisons de ville, par exemple, ce que le législateur entend imposer, c'est la propriété immobilière urbaine. La maison est donc *l'assiette* de l'impôt.

Cette contribution est perçue sur un rôle nominatif, d'après la valeur locative de chaque immeuble, à raison de tant pour cent du loyer. Ce sont là *les règles de perception*.

La fixation du tant pour cent, c'est *la taxe.*

On voit par cette courte analyse quelle distance il y a, quant à l'importance des pouvoirs, entre la détermination de l'assiette, des règles de perception de l'impôt, et le simple vote de la taxe.

Le pouvoir de déterminer l'assiette des contributions se confond avec le droit de créer de nouveaux impôts, car c'est le droit de faire peser sur certaines branches de la fortune publique des charges dont elles étaient exemptes antérieurement.

Quant au pouvoir de régler la perception des contributions, moins grave à coup sûr que le précédent, il a encore son importance, en ce qu'il est bien difficile de toucher à cette matière sans affecter l'assiette même des impositions.

Aucun danger de cette nature n'existe dans le droit de voter les taxes. Sans doute il n'est pas impossible que cette attribution, elle aussi, soit l'occasion du déplacement de l'assiette d'une contribution ; mais il faut pour cela, on le verra bientôt, un concours de circonstances exceptionnelles. On peut donc dire, en thèse générale, que le vote de la taxe n'est pas susceptible d'affecter le principe de l'impôt.

Telles sont les distinctions suivant lesquelles la Constitution actuelle des colonies a gradué les pouvoirs des Conseils généraux, et qu'il a paru utile de rappeler pour l'intelligence de la thèse qui va être développée.

PREMIÈRE PARTIE.

LE DROIT A LA SORTIE.

*Son origine, son histoire, sa législation. — Assiette et règles
de perception de cet impôt.*

§ I. — Exposé des questions a résoudre.

Les colonies ont cela de particulier que leurs produits de premier
ordre, tels que le sucre et le café, dont une portion insignifiante est
consommée dans le pays, sont exportés presque en totalité, et viennent
passer par les mains du Fisc au moment de leur expédition.

Cette circonstance offrait une occasion trop favorable de percevoir
un impôt pour ne pas frapper l'attention des législateurs coloniaux.

De là est née, il y a plus d'un siècle, l'imposition connue sous le
nom de *droit à la sortie sur les denrées,* appelée par abréviation : *Droit
à la sortie.*

Tout le monde connaît le fonctionnement de cet impôt. Le droit à
la sortie perçu *à raison d'une somme fixe par chaque poids de 100 kilogrammes de denrées exportées,* est liquidé par la Douane au moment
de l'expédition des navires, sur la déclaration du chargeur qui l'ac-
quitte, et qui s'en rembourse sur le vendeur en payant le prix de la
denrée, en sorte que cette contribution pèse finalement sur le producteur.

Ce qui est moins connu, — parce que l'occasion pouvait seule motiver une étude approfondie sur ce point, — c'est *l'assiette* de cette contribution.

Cette assiette repose-t-elle sur la denrée même? En d'autres termes est-ce la denrée que le législateur s'est proposé de frapper en créant le droit à la sortie?

La denrée n'est-elle au contraire qu'un moyen d'évaluer le revenu du sol et un mode de perception de l'impôt foncier?

Voici l'intérêt de cette question :

L'article 1er du Sénatus-Consulte du 4 juillet 1866, qui règle aujourd'hui la Constitution des colonies de la Martinique, de la Guadeloupe et de la Réunion, donne à ces assemblées le droit de « *voter les taxes et contributions de toute nature nécessaires pour l'ac-* « *quittement des dépenses de la colonie.* »
Mais l'article 3 du même Sénatus-Consulte leur donne seulement le droit de « *délibérer.... sur le mode d'assiette et les règles de* « *perception des contributions et taxes.* » Et leurs délibérations en ces matières, susceptibles d'être approuvées provisoirement par l'Administration locale, ne sont rendues définitivement exécutoires, aux termes du décret impérial du 11 août 1866, que par décrets de l'Empereur rendus sur le rapport du Ministre de la marine et des colonies.

Du rapprochement de ces deux textes il résulte que si le Conseil général a le pouvoir de voter souverainement les *taxes*, c'est à la condition que ces taxes soient la tarification exacte et rigoureuse des *impôts existants*, et n'affectent en rien ni *l'assiette* ni *les règles de perception* de ces impôts.

Si donc il est démontré que l'assiette du droit à la sortie réside sur *le sol cultivé*, si d'autre part la perception de ce droit a lieu *au moyen d'une somme fixe ayant pour base le poids de la denrée,* il est certain que toute taxe qui ferait peser cet impôt sur autre chose que le sol cultivé, ou qui modifierait *le droit fixe sur le poids* d'après lequel il est perçu, affecterait *l'assiette* ou *les règles de perception* de cet impôt.

D'où les questions suivantes :

1o Le vote d'une taxe qui atteindrait *les sucres d'usine d'une manière spéciale à raison de leur qualité supérieure,* ne contiendrait-il pas *un déplacement de l'assiette du droit à la sortie et un changement dans les règles de perception de cette imposition?*

2o Le vote d'une taxe qui atteint la quantité de sucre que les usines retirent de la canne au delà de ce qu'en retiraient par eux-mêmes les propriétaires du sol à l'époque où le droit à la sortie a été établi, n'affecte-t-il pas encore *l'assiette de cet impôt ?*

Pour résoudre ces questions, il convient de déterminer d'une manière précise, au moyen de la législation coloniale, quelle est *l'assiette,* quelles sont *les règles de perception* du droit à la sortie.

§ II. — DE L'ORIGINE DE LA COLONIE A 1763.
DROIT DE POIDS. — CAPITATION. — ASSIETTE DE CES IMPÔTS.

Si l'on consulte les vieux documents relatifs aux impositions coloniales, on voit que les premières taxes qui aient été perçues dans les îles françaises d'Amérique ont consisté dans *le droit de poids* et *le droit de capitation.*

Ces taxes, levées dans l'origine au profit des Compagnies concessionnaires de ces îles, furent conservées après l'abolition des Compagnies au profit du Roi, qui les afferma d'abord comme faisant partie de ce qu'on appelait alors *son domaine d'Occident*, et en fit plus tard l'abandon aux colonies pour le payement de leurs dépenses.

On trouve dans le Code de la Martinique le sommaire d'un arrêt du Conseil d'État en date du 24 mai 1675, « portant adjudication à « Me Jean Oudiette, pendant sept années, de la ferme *des droits de* « *poids et de capitation* et autres qui se lèvent dans les îles françaises « d'Amérique, de tous lesquels droits il jouira, ainsi que la Com- « pagnie des Indes occidentales en a joui ou dû jouir... »

Qu'est-ce donc que ces deux impôts?

Le droit de poids, qui a existé dès l'origine des colonies et qui exis- tera jusqu'à la fin du xviiie siècle concurremment avec la capitation, est une taxe *ad valorem* levée sur toutes les marchandises importées dans les îles d'Amérique, et aussi sur toutes les denrées exportées de ces mêmes colonies.

Il faut bien se garder de voir la moindre analogie entre cet impôt et le droit à la sortie dont nous faisons l'historique.

Frappant à la fois l'importation et l'exportation, perçu à certaines époques concurremment avec *le droit à la sortie* et sans se confondre avec ce dernier, le droit de poids, — on en aura bientôt la preuve, — n'est autre chose qu'une redevance *sur le commerce des îles.*

La *capitation,* réglementée par une déclaration du Roi du 3 oc- tobre 1730, est une taxe frappée indistinctement et sauf certaines exemptions spéciales sur tous les individus libres ou esclaves qui habitent les îles.

« Le droit de capitation, porte l'article 1er de cette déclaration, qui « consiste en 100 livres de sucre brut, poids de marc, sera payé par « tous les particuliers habitants des îles et terre ferme du Vent de « l'Amérique, de quelque pays, qualité et condition qu'ils soient, « *tant pour eux que pour les nègres, mulâtres, créoles et blancs engagés*

« *ou autres domestiques de l'un et l'autre sexe qu'ils auront à leur*
« *service,* aux exceptions ci-après expliquées. »

La seule lecture de ce texte fait ressortir tout d'abord une différence grave entre la capitation coloniale et la taxe qui, sous le même
nom, se perçoit alors en France.

L'esclavage n'existant pas en Europe, ceux que la capitation y
atteint n'en sont jamais tenus que *pour leurs propres personnes.*
Encore pour y être assujetti faut-il avoir un état, une condition
quelconque, ou tenir un feu, un ménage. Les fils de famille non
mariés, les femmes, les domestiques en sont exempts, pourvu qu'ils
vivent chez leurs pères, leurs maris ou leurs maîtres. *(Rép. du J. du
Palais. Capitation, n*os *17, 18, 19 et 27.)*

Dans les colonies l'impôt de capitation change de nature.
Non seulement il frappe certains individus libres, comme les
domestiques, qui, en France, n'y sont pas assujettis, mais il s'étend
aux esclaves, c'est-à-dire à des gens qui ne possèdent rien, qui sont
eux-mêmes une propriété, et pour qui leurs maîtres sont tenus de
payer l'impôt.
En ce point la capitation coloniale est une imposition entièrement
nouvelle dont il importe de déterminer l'assiette, car le droit à la
sortie, on le verra bientôt, sera établi *en remplacement de la capitation.*

Cette assiette réside-t-elle dans la personne même des esclaves, con-
sidérés comme constituant par eux-mêmes une propriété? Ne faut-il
pas, au contraire, la chercher dans les différentes branches de la
fortune coloniale dont les esclaves ne sont que la révélation ?

Il y a du vrai dans l'une et l'autre de ces thèses; mais pour les
concilier une distinction est nécessaire.

S'agit-il des esclaves non attachés au sol, tels que les ouvriers et domestiques des villes et bourgs? On peut admettre que la capitation a pour but de frapper en eux une propriété spéciale, toute mobilière.

S'agit-il au contraire des esclaves attachés au sol, des esclaves des campagnes? Comment croire que le législateur ait perdu de vue, lors de la création de l'impôt, la terre cultivée, pour attacher sa pensée à cette propriété infiniment moins considérable qui réside dans la personne même des esclaves?

A l'appui de cette distinction, il faut remarquer que dans les villes aucun lien de fait ni de droit n'existe entre l'esclave, ouvrier ou domestique, et la propriété foncière. Là, un esclave et une maison constituent deux propriétés parfaitement distinctes, l'une *mobilière*, l'autre *immobilière*; deux capitaux susceptibles d'une exploitation spéciale, deux sources de jouissance ou de revenus indépendantes l'une de l'autre, soit que le maître s'en serve lui-même, soit qu'il en tire profit au moyen d'une location.

Et c'est précisément parce qu'il y a là deux capitaux différents, en d'autres termes *deux assiettes d'impôts,* qu'on verra bientôt dans les villes la contribution foncière s'établir à côté de la capitation.

A la campagne l'esclave et le sol ne forment qu'une seule propriété. Attaché au fonds non seulement en fait, mais encore par la loi qui le lie comme accessoire à l'immeuble principal, l'esclave, au point de vue économique comme au point de vue du droit, ne peut être considéré isolément du fonds. Il ne peut donc devenir par lui-même l'assiette d'un impôt.

Aussi ne verra-t-on jamais, à la campagne comme à la ville, deux impôts à la fois frappant séparément le sol et l'esclave. L'impôt sur la propriété rurale sera toujours unique, qu'il s'appelle capitation ou droit à la sortie.

Cette unité de l'impôt suffirait pour prouver que la capitation a toujours eu son assiette sur le sol, a toujours été une base d'évaluation des revenus de la terre, et un mode de perception de l'impôt foncier.

Penser le contraire, c'est admettre que le législateur a omis de frapper d'un impôt la propriété rurale, pour imposer un accessoire de cette propriété.

C'est se résoudre à croire qu'à la Guadeloupe, par dérogation à ce qui s'est vu dans tous les siècles, dans tous les pays civilisés, la terre, qui est la source primordiale de toute richesse, la base la plus naturelle de l'impôt, au point que certains économistes du xviiie siècle ont songé à faire peser sur elle la totalité de la contribution publique, la terre aurait été affranchie de tout impôt, et aurait continué à l'être jusqu'à nos jours.

En résumé, dans les colonies, la capitation est une imposition *complexe*, ayant en réalité autant d'assiettes différentes que l'esclavage représente d'éléments de la fortune coloniale. Véritable taxe *personnelle* comme en France, quand elle atteint les individus libres, elle devient, en s'adressant aux esclaves, et suivant qu'elle s'applique à ceux des villes ou à ceux des campagnes, tantôt une sorte de contribution *mobilière*, tantôt une véritable imposition *foncière*.

Des documents législatifs vont bientôt fournir la preuve de cette proposition.

§ III. — DE 1763 A 1810.

DROIT A LA SORTIE. — RETOUR A LA CAPITATION. — FLUCTUATIONS.

Le 9 avril 1763, le Roi en Conseil d'État ordonne la levée d'une somme de 750,000 livres sur la Martinique pour les six derniers mois de l'année, en laissant aux Gouverneur et Intendant de cette île la liberté de choisir la forme de cette imposition.

Il les autorise même à délibérer sur cette matière avec divers autres fonctionnaires et avec un certain nombre de notables habitants de cette colonie.

Ce fait, que nous sommes dans le cas d'emprunter à l'histoire de la Martinique parce que les archives de la Guadeloupe ne remontent pas au-delà de l'année 1776, mais qui fut vraisemblablement commun aux deux îles, ce fait est le premier exemple d'un avis demandé aux colons à propos de l'assiette et de la perception de leurs impositions.

Eh bien! cette intervention accidentelle du pays dans les questions financières qui l'intéressent, va être précisément l'occasion de la naissance du véritable *droit à la sortie* sur les denrées.

Le 29 juillet 1763, le Général et l'Intendant, après avoir consulté les personnes dont il a été parlé, rendent une ordonnance où on lit ce qui suit :

« Nous avons considéré que *les nègres de culture ne sont point un*
« *signe certain et uniforme du produit des habitations auxquelles ils sont*
« *attachés; qu'il est des terres qui, avec très-peu de nègres, donnent*
« *beaucoup plus de productions que d'autres terres qui en exigent un*
« *plus grand nombre;* que cette augmentation de produit, jointe à la
« diminution des frais de culture, met une double différence *entre*
« *les produits nets des bonnes terres et ceux des terres médiocres;* que
« d'ailleurs les accidents fréquents auxquels les cultures de nos co-
« lonies sont sujettes, exposent les habitants à éprouver, *dans les pro-*
« *ductions de leurs terres,* des diminutions si considérables, que si

« leur contribution était toujours la même, sans aucun égard à ces
« révolutions, il serait à craindre que le payement de cette contri-
« bution ne les mît souvent dans l'impossibilité de réparer leurs
« pertes.... qu'ainsi une imposition qui, étant toujours la même,
« *ne serait répartie qué par tête de nègres seulement, sans avoir égard*
« *ni à la qualité des terres auxquelles ils sont attachés, ni aux acci-*
« *dents qui surviennent aux récoltes,* pour peu qu'elle fût considé-
« rable, serait absolument contraire à l'intérêt particulier de la
« colonie et du commerce, à celui de l'État en général, et aux vues
« du Roi pour l'accroissement de ses colonies ; que, par conséquent,
« il fallait, *parmi les différentes formes d'imposition,* donner la préfé-
« rence à celle qui se trouverait toujours et naturellement *propor-*
« *tionnée aux récoltes de chaque particulier....*

« Ces différentes considérations.... nous ont fait préférer, pour
« cette fois, de lever la somme de 750,000 livres, une partie *par*
« *la voie des droits qui seront établis sur la sortie des denrées de la*
« *colonie pour France,* et sur l'entrée des marchandises qui étaient
« assujetties déjà au droit de 1 pour 100, une autre partie par le
« moyen d'une imposition *sur les maisons des villes et bourgs de cette*
« *île,* et sur tous les nègres *autres que ceux attachés aux cultures du*
« *sucre, café et du coton,* et par une taxe de 72,000 livres sur l'in-
« dustrie.....

« A ces causes.... statuons et ordonnons ce qui suit :

« Article Ier. Tous les sucres qui sortiront de la colonie payeront
« 6 pour 100 de droit de sortie, savoir : *1 pour 100 de droit de*
« *poids,* auquel ils étaient assujettis envers le Domaine, et *5 pour 100*
« *de nouvelle imposition,* POUR TENIR LIEU DE LA CONTRIBUTION DE
« CHAQUE HABITANT SUCRIER au payement de la somme de 750,000
« livres demandée par le Roi.

« II. Il sera aussi levé un droit de 5 pour 100 sur tous les cafés
« sortant de cette colonie, *en sus de celui de 6 deniers pour livre déjà*

« *établi à la charge du commerce,* POUR TENIR ÉGALEMENT LIEU DE
« LA CONTRIBUTION DES HABITANTS CAFÉIERS.

« III. Le cacao, la casse et le coton, outre le droit de 1 pour 100
« *auquel ils ont toujours été assujettis,* payeront pareillement 5 pour
« 100 de *nouveau droit.....*

« V. Au moyen de ces impositions, qui auront lieu jusqu'au
« 1er janvier de l'année suivante seulement, en vertu de la présente
« ordonnance, les habitants sucriers, caféiers, et ceux qui n'ont
« d'autre culture que celle du coton, casse ou cacao, *seront dé-*
« *chargés de toute imposition pour leurs nègres,* pendant la présente
« année..... »

On comprend l'immense portée de ce document historique, document éphémère, il est vrai, puisqu'il a réglé pour une courte période
de six mois la perception des impôts, mais dont la pensée et presque
les expressions vont revivre cinquante ans plus tard dans l'œuvre d'un
autre législateur que le temps a respectée.

Cette ordonnance de 1763 établit nettement la différence entre le
droit de poids qui a son assiette *sur le commerce,* et le nouveau *droit
à la sortie* QUI TIENT LIEU DE LA CONTRIBUTION DES HABITANTS.

Cette même ordonnance dit expressément, tant dans son préam-
bule que dans son article V, que le nouveau droit à la sortie qu'elle
établit sur les denrées remplace le droit de capitation sur les nègres
attachés aux sucreries, aux caféières, et aux cultures de coton, de
casse et de cacao.

Enfin cette ordonnance établit non moins positivement que la
capitation sur les nègres attachés aux propriétés rurales, ainsi que le
droit à la sortie qui la remplace, ne sont autre chose que l'impôt sur
la terre même.

Critiquer l'impôt de capitation en ce qu'il ne représente pas avec certitude et uniformité *le produit des habitations*, en ce qu'il n'est pas susceptible de suivre les variations que la fécondité ou l'infécondité du sol et les circonstances atmosphériques peuvent amener dans le produit du fonds, c'est dire clairement que le fonds est l'assiette de l'impôt. C'est affirmer que la capitation n'a jamais eu pour but de frapper l'esclave lui-même considéré comme propriété, mais qu'elle a toujours été une base d'évaluation des produits du sol et un mode de perception de l'impôt foncier.

Dire par contre que le droit à la sortie offrira tous ces avantages, dire que cette *forme d'imposition sera proportionnée aux récoltes,* dire enfin que ce droit *tiendra lieu de la contribution de l'habitant,* c'est affirmer aussi que le droit à la sortie n'a pas pour but de frapper la denrée elle-même considérée abstractivement du sol comme valeur mobilière, mais que c'est encore une base d'évaluation des produits du sol et un mode de perception de l'impôt foncier.

Cette opinion restreint, il est vrai, l'assiette de l'impôt foncier aux terres cultivées, au sol productif. Mais qu'importe ?

Il ne faut voir dans cette restriction qu'une exemption de l'impôt au profit des terres non cultivées, exemption parfaitement motivée dans les colonies par le défaut de cadastre, et surtout par cette considération que le sol n'y a réellement de valeur foncière que par la culture.

Cette exemption de l'impôt au profit de la propriété improductive est-elle donc spéciale aux immeubles des campagnes ? Tout le monde sait qu'en matière de contribution sur les immeubles de ville, — contribution essentiellement foncière, personne ne le niera, — elle est acquise à quiconque peut établir que sa propriété n'est ni louée ni habitée, et ne produit en conséquence aucun revenu. Seulement le législateur, dans sa connaissance du pays, a érigé en présomption

3

légale, pour les terres non cultivées, cette improductibilité, qui a besoin d'être prouvée, car elle n'est qu'accidentelle, pour la propriété urbaine.

Cette présomption n'est en définitive qu'une application radicale du principe qui, en France, règle l'impôt foncier sur le revenu de la terre.

En France, où l'on n'a pas ce moyen de contrôle de la production qui résulte soit du nombre des esclaves, soit des produits exportés, dans un pays où d'ailleurs toute propriété a sa valeur, toute terre son revenu, on a recours au cadastre pour la perception de l'impôt, c'est-à-dire à un système d'évaluation générale de tous les fonds et de leurs produits.

Dans les colonies, au contraire, le législateur, qui a le moyen de vérifier la production, et qui sait d'ailleurs que toute terre non cultivée est absolument sans valeur et sans revenu, a dû nécessairement restreindre au sol productif l'assiette de l'impôt foncier.

On ne comprend donc pas comment cette restriction empêcherait de voir, soit dans la capitation, soit dans le droit à la sortie, une véritable contribution foncière.

La substitution du droit de sortie à la capitation comme mode de perception de l'impôt sur les terres cultivées, ne fut pas goûtée en France.

On en trouve la preuve dans un arrêt rendu par le Roi en Conseil d'État, le 25 février 1764, lequel règle la nature et le taux des impositions à percevoir désormais à la Martinique.

Par cet arrêt, le Souverain rétablit, sans en donner les raisons, le droit de capitation sur tous les nègres esclaves, *quelles que soient les denrées qu'ils cultivent.*

Par contre, il supprime le nouveau droit de sortie sur les denrées, en disant que ces denrées payeront *un pour cent seulement* à leur sortie de la colonie, et qu'il sera prélevé le même droit *d'un pour cent d'entrée* sur toutes les marchandises sujettes au poids, *tel qu'il a toujours été perçu dans cette colonie.*

« Et seront lesdits droits d'entrée et de sortie, continue l'arrêt,
« payés par les marchands, subrécargues, capitaines de navires, ou
« autres propriétaires desdites denrées ou marchandises, *sans qu'ils
« aient, pour raison de ce payement, rien à répéter contre les habitants.*»

Cette même ordonnance maintient la contribution sur les maisons de ville et les droits de patente.

Voilà donc le droit de poids maintenu comme taxe purement commerciale. Plus de doute à cet égard ; le Roi défend qu'on le fasse supporter au producteur.

Voilà aussi la capitation rétablie comme moyen de percevoir l'impôt sur le sol cultivé.

Cet état de choses va durer à la Martinique et à la Guadeloupe jusqu'en 1787, sans autre incident digne d'être signalé que la suppression à la Guadeloupe du droit de poids d'un pour cent à l'entrée et à la sortie dans les budgets de 1785 et 1786, et son rétablissement dans le budget de 1787.

Le 17 juin 1787, une ordonnance royale institue les assemblées coloniales, et les charge de s'occuper des moyens les plus sûrs et les moins onéreux *pour asseoir, répartir et recouvrer l'imposition.*

Cette seconde intervention du pays dans ses finances va amener pour la seconde fois la substitution du droit de sortie à la capitation.

Le premier usage que ces assemblées font de leurs pouvoirs, est de frapper d'un droit de sortie de 2 p. 0/0 toutes les denrées exportées de la colonie, de quelque nature qu'elles soient, en maintenant le droit d'un pour cent sur les marchandises importées, et de supprimer la capitation sur tous les nègres attachés à la culture.

Il serait trop long de relever, durant les années qui suivent, notamment pendant la période révolutionnaire, les diverses fluctuations que subit dans sa perception l'impôt sur les campagnes. Nous dirons seulement que sous l'Empire, c'est le système de la capitation qui prévaut.

On lit dans le budget de l'an xii et dans ceux des années suivantes, que les impositions comprennent seulement la capitation *sur tous les esclaves*, la capitation sur les personnes libres, la taxe sur les maisons, et les droits de patente.

Quant au droit de poids et au droit à la sortie, il n'en est plus question.

Le premier est oublié à tout jamais. Mais le second va bientôt renaître pour vivre jusqu'à nos jours.

§ IV. — 1810. — Établissement définitif du droit a la sortie. — Assiette et règles de perception de cet impôt.

En 1810 la Guadeloupe tombe au pouvoir des Anglais.

Le premier acte du gouverneur sir George Beckwith va être le rétablissement du droit à la sortie sur les denrées, en remplacement de la capitation.

L'ordonnance qu'il rend le 29 mars 1810 pour régler les impositions de la colonie, ordonnance analogue à celle qu'il a prise le 15 avril 1809 à la Martinique, après la conquête de cette île, et qui est évidemment calquée sur celle de 1763, est un document précieux

en ce qu'il ne contient pas seulement la substitution du droit de
sortie à la capitation, mais établit de nouveau, en termes non équi-
voques, que la capitation sur les nègres des campagnes et le droit à
la sortie sur les denrées, ne sont tous deux que des modes de perception de l'impôt foncier.

« Convaincus, disent les auteurs de cette ordonnance, que *la capi-*
« *tation sur les campagnes est un mode d'imposition vicieux*, puisque
« l'emploi de la même somme de forces, mise par la même indus-
« trie sur des terres d'une inégale fécondité, donne des résultats très-
« différents, ce qui met souvent l'autorité aux prises avec l'impuis-
« sance, ET VOULANT CENTRALISER L'IMPÔT DES CAMPAGNES SUR LA
« DENRÉE;

« Et trouvant néanmoins de toute justice que les propriétaires
« d'habitations cultivées en vivres du pays, ceux des rhumeries étran-
« gères aux sucreries, ceux des bonifieries de café et des chaufour-
« neries, soient soumis à un impôt ÉQUIVALENT A CELUI QUE LES
« GRANDES CULTURES PAYENT SUR LA DENRÉE ;

« Nous avons établi et établissons les impositions pour l'année 1810
« ainsi qu'il suit :.....

« Art. VII. Il sera prélevé un droit de sortie de **27** livres sur
« chaque barrique de sucre terré....., de **18** livres sur chaque bar-
« rique de sucre brut...., etc. »

(Le poids de la barrique est fixé à **1,000** livres.)

L'article 1er de cette ordonnance restreint la capitation aux « esclaves
« des villes et bourgs, ouvriers, domestiques, servant à loyer, à la
« journée, à ceux qui seront employés à la pêche ou dans les accons,
« bateaux caboteurs, canots de poste ou de passage, à ceux attachés
« aux poteries, aux chaufourneries, rhumeries et vinaigreries autres
« que celles qui dépendent des sucreries. »

Cette ordonnance de 1810, véritable origine du droit à la sortie qui se perçoit encore aujourd'hui, mérite de fixer notre attention. Il importe de déterminer, suivant la pensée du législateur anglais, l'assiette et les règles de perception de cet impôt.

L'assiette, nous la connaissons déjà. En 1810, comme en 1763, elle repose évidemment sur le sol cultivé. Les termes de l'ordonnance sont péremptoires sur ce point.

En relevant les vices de l'impôt de capitation sur les campagnes *comme mode d'imposition*, en disant qu'il veut *centraliser l'impôt des campagnes sur la denrée*, en maintenant la capitation sur les nègres des petites cultures pour soumettre les petits propriétaires à un impôt *équivalent à celui que les grandes cultures payent sur la denrée*, le gouverneur Beckwith a levé tous les doutes tant sur l'assiette de la capitation que sur l'assiette du droit à la sortie.

Mais comment ce législateur a-t-il trouvé dans le sucre un moyen d'évaluer et de percevoir l'impôt foncier ?
C'est ce qu'il importe d'expliquer.

Qu'est-ce donc en ce temps là que la fabrication du sucre ?

Un pur moyen de récolter les produits du sol.
C'est cette première transformation que certains fruits de la terre sont dans le cas de subir pour devenir propres au commerce; tels sont en France la pomme à cidre, le raisin et l'olive. C'est l'opération sans laquelle le propriétaire foncier ne peut réaliser les produits de sa terre, et qui ne contient, au point de vue du droit, rien d'industriel ni de commercial.
La canne à sucre est broyée par trois cylindres que met en mouvement une roue hydraulique ou un moulin à vent. Le jus de la canne,

appelé *vesou,* est conduit dans un équipage dit *équipage du père Labat,* lequel se compose de quatre ou cinq chaudières ouvertes, où le vesou, déféqué par la chaux, évaporé et condensé, se transforme en sirop. De la dernière chaudière le sirop est versé dans des bacs où se fait la cristallisation du sucre. Puis, sucre et sirop sont enfutaillés dans des boucauts d'où on laisse s'égoutter la mélasse pendant une quinzaine de jours, après quoi le sucre est expédié en ville pour y être vendu ou chargé.

Cette fabrication, un peu plus compliquée sans doute que celle du cidre, du vin ou de l'huile, en ce qu'elle exige l'emploi du feu, est encore, on le voit, d'une grande simplicité.

Mais ce qu'il importe davantage de faire ressortir, ce sont les circonstances économiques de la fabrication du sucre en 1810.

Et d'abord, c'est toujours le *propriétaire du sol* qui fabrique le sucre.
Il le fabrique *avec ses cannes, avec les fruits de son propre fonds.*
Il le fabrique *au moyen d'appareils qui lui appartiennent,* et ces appareils, *attachés au fonds dont ils sont l'accessoire,* ne constituent pas par eux-mêmes *un capital propre, une propriété distincte de la terre.*
Cette fabrication, *il est forcé de s'y livrer,* car la canne à sucre ne constitue à cette époque ni *une denrée pour le commerce,* ni *une matière première pour l'industrie.*
Enfin, cette fabrication, pratiquée par tous les habitants *à l'aide de procédés analogues, d'une manière uniforme,* n'est que l'opération *strictement nécessaire pour transformer la canne en un produit réalisable.*
A ces divers points de vue, on peut dire qu'en 1810 le sucre est L'UNIQUE PRODUIT DU SOL CULTIVÉ EN CANNES.

Qu'en faudra-t-il conclure ?
Que dans l'opinion même qui place sur le sucre l'assiette du droit

à la sortie, on devra reconnaître que cette assiette repose sur le sucre EN TANT QUE CELUI-CI CONSTITUE UN PRODUIT DU SOL.

Nous aurons occasion de revenir sur ce sujet.

Occupons-nous maintenant des règles de perception du droit à la sortie d'après l'ordonnance de 1810.

On a vu que dans l'ordonnance de 1763, ce droit a pour base la valeur de la denrée. C'est un prélèvement de 5 p. 0/0 sur le prix de vente.

En 1810, le gouverneur Beckwith abandonne le droit *ad valorem* pour y substituer *un droit fixe* ayant pour base *le poids de la denrée*.

D'après l'ordonnance, ce droit est double à la vérité. Il est de dix-huit livres par barrique pour le sucre *brut*, et de vingt-sept livres pour le sucre *terré*.

Mais cette différence de taxe n'est qu'apparente; il est facile de le démontrer.

Le *terrage* du sucre, qui consiste à mettre le sucre brut dans des *formes* pour le purger de son sirop et le blanchir, *n'est pas un mode de fabrication du sucre*. C'est une seconde transformation de la denrée qui en augmente la valeur, mais qui, — il faut bien le remarquer, — *en diminue la quantité*.

Et c'est précisément parce que le sucre terré représente sous le même poids plus de produit du sol, que sir George Beckwith, conséquent avec lui-même, le frappe dans la même proportion, qui est d'environ 50 p. 0/0, d'un droit plus élevé que le sucre brut. En le faisant, il prouve que le droit à la sortie n'est qu'un mode de perception de l'impôt foncier, car il ne fait que maintenir l'égalité de cet impôt qui eût été violée, dans un système où le poids est la seule base de la perception, s'il eût dépendu de certains propriétaires du sol de diminuer leur impôt en diminuant le poids de leurs denrées.

Les deux droits établis par l'ordonnance de 1810 équivalent donc à un droit unique.

§ V. — DE 1810 A 1848. — GOUVERNEURS. — CONSEIL COLONIAL.

Depuis 1810 jusqu'à nos jours, l'assiette et les règles de perception du droit à la sortie ont-elles varié ?

L'étude des documents financiers postérieurs à cette époque va nous convaincre tout d'abord que loin de s'être jamais déplacée, l'assiette de cet impôt n'a fait que se dessiner et s'accentuer d'avantage.

Les budgets anglais jusqu'en 1815, époque de la restitution définitive de la Guadeloupe à la France, ne font que répéter l'ordonnance de 1810.

Sous la Restauration, sous le gouvernement de Juillet jusqu'en 1833, c'est le Gouverneur qui est le législateur en matière d'impôt.

Que trouve-t-on dans les arrêtés qu'il prend chaque année pour régler les impositions de la colonie ? Rien qui modifie la pensée du législateur de 1810.

« *Les impositions.... directes...,* y est-il dit, *consisteront :* 1º dans la
« capitation des esclaves attachés aux petites cultures, y compris celles
« du coton et du cacao, et des esclaves des villes et bourgs, ouvriers,
« domestiques servant à loyer ou à la journée, *et tous autres qui n'ap-*
« *partiennent ni aux sucreries ni aux caféières;* 2º *dans le droit de*
« *sortie en remplacement de la capitation des esclaves attachés à la*
« *grande culture;* 3º dans le droit sur les loyers des maisons; 4º dans

« les droits des patentes et licences; 5º dans la taxe des noirs justi-
« ciés. »

Le droit à la sortie est donc perçu *en remplacement de la capitation.*
Mais en supposant qu'un impôt perçu à la place d'un autre ait forcément la même assiette que le premier, il a été établi que la capitation a elle-même son assiette sur le sol cultivé, et n'est qu'un mode
de perception de l'impôt foncier.

Survient le Conseil colonial, auquel l'article 6 de la loi du 24
avril 1833 donne le pouvoir de *déterminer,* sur la présentation du Gouverneur, *l'assiette et la répartition des contributions directes.*

Dans tous les décrets que rend cette assemblée pour établir annuel-
lement le budget de la colonie, et aussi dans le décret colonial du
21 janvier 1841 qui règle en principe l'assiette et la répartition des
impositions, le droit à la sortie est qualifié comme antérieurement
de *droit fixe en remplacement de la capitation.*

Quant aux règles de perception du droit à la sortie, elles ont subi
à la vérité quelques variations depuis 1810; mais ces variations sont
de nouvelles preuves du caractère essentiellement foncier de cette
contribution.

Elles consistent, en premier lieu, dans une nouvelle substitution
de la capitation au droit à la sortie, comme moyen de percevoir l'impôt
sur certaines cultures autres que celles du sucre et du café. Mais la
facilité même avec laquelle ces deux modes de recouvrement sont
substitués l'un à l'autre, témoigne qu'il n'y a pas dans ces fluctuations
déplacement de l'assiette de l'impôt, mais bien emploi alternatif de
deux modes de perception.

La seconde modification que subissent les règles de perception du
droit à la sortie, c'est la suppression dans les budgets coloniaux, à

partir de 1845, de la distinction faite en 1810 pour la perception du droit, entre le *sucre brut* et le *sucre terré*.

Cette suppression s'explique sans doute par la disparition du sucre terré de la production coloniale. Mais c'est précisément à cette époque qu'un produit nouveau, — *le sucre d'usine*, — fait son apparition dans la colonie.

Et cependant le Conseil colonial, qui a la plénitude des pouvoirs en matière d'impôt, les Gouverneurs de la République et du commencement de l'Empire, successeurs immédiats des Commissaires de la République qui eux-mêmes ont hérité, en vertu d'un décret du Gouvernement provisoire en date du 27 avril 1848, des pouvoirs du Conseil colonial, maintiennent depuis lors, comme règle de perception du droit à la sortie, le droit *fixe et unique ayant pour base le poids.*

§ VI. — De 1848 a 1868. — Arrêté du 8 novembre 1848. — Conseil général. — Opinion de cette assemblée sur le droit a la sortie.

Arrive 1848.

L'esclavage est aboli; avec lui disparaissent à tout jamais les derniers vestiges de la capitation.

Mais le droit à la sortie survit, et la définition de cet impôt fait un grand pas.

Dans l'arrêté du 8 novembre 1848, qui règle la perception des impôts pour l'année 1849, arrêté auquel ceux des années suivantes renvoient purement et simplement, le droit à la sortie prend enfin le nom de CONTRIBUTION FONCIÈRE, ce nom qui seul lui avait fait défaut jusqu'alors.

Voici les passages de cet arrêté qui intéressent notre sujet :

« NOUS, GOUVERNEUR DE LA GUADELOUPE ET DÉPENDANCES,

« Vu le décret du Gouvernement provisoire en date du 27 avril
« 1848, qui confère aux Commissaires généraux de la République,
« dans les colonies, les attributions financières réservées aux Conseils
« coloniaux par la loi du 24 avril 1833;
« Sur le rapport du Directeur de l'intérieur,
« De l'avis du Conseil privé,

« ARRÊTONS :.

« TITRE Ier.

« CONTRIBUTIONS ET REVENUS PUBLICS.

« *Article 1er*. Les contributions directes et indirectes afférentes
« aux caisses coloniales et communales, seront perçues, en 1849,
« *dans les formes et d'après les dispositions du décret colonial du 21*
« *janvier 1841, et suivant les tarifs fixés par le présent.*

« TITRE II.

« CONTRIBUTIONS AFFÉRENTES A LA CAISSE COLONIALE.

« CONTRIBUTIONS DIRECTES. — CONTRIBUTIONS FONCIÈRES.

« *Art. 2.* Droit de sortie sur les denrées de la colonie :
« Sucre brut, par 100 kilogrammes............... 2f 30c, etc....

« *Art. 3*. Taxes sur les terres cultivées en vivres, fourrages, coton-
« niers, cacaotiers et tous autres produits autres que la canne et le
« café :

« Par hectare en culture....................... 20f 00c

« *Art. 5*. Droit sur la valeur locative des maisons. ...

« CONTRIBUTION MOBILIÈRE.

« *Art. 7*. Contribution personnelle...

« *Art. 8*. Impôt sur la fabrication des rhums..., etc., etc. »

Et plus loin :

« CONTRIBUTIONS INDIRECTES... »

Ainsi l'arrêté de 1848, après avoir établi la grande division des
contributions en impositions directes et impositions indirectes, sub-
divise encore les premières en contributions foncières et contribution
mobilière, et range expressément le droit à la sortie au nombre des
CONTRIBUTIONS FONCIÈRES.

Le droit à la sortie est classé sous la rubrique des CONTRIBUTIONS
FONCIÈRES, avec l'impôt *sur les terres cultivées en produits secon-
daires*, avec la contribution *sur les maisons*.

Ces trois articles ainsi groupés contiennent, dans leur ensemble,
la réglementation de l'impôt foncier à la Guadeloupe.

Cet arrêté de 1848 n'exige pas, quant à présent, de longs commentaires.

L'auteur de cet arrêté est un *législateur;* c'est un point qu'il ne faut
pas perdre de vue.

Ce législateur est le dernier qui ait réglé l'assiette des contributions
à la Guadeloupe. Après lui aucun autre n'a parlé. L'arrêté du 8 no-

vembre 1848 est donc en vigueur. C'est là qu'il faut chercher l'assiette
actuelle du droit à la sortie.

Or que nous apprend-il ?

Que le droit à la sortie c'est L'IMPÔT FONCIER !

Des Conseils généraux sont institués à la Martinique, à la Guadeloupe et à la Réunion, par le Sénatus-Consulte du 14 avril 1854.

Leurs attributions consistent notamment à voter les dépenses d'intérêt local et les taxes nécessaires à l'acquittement de ces dépenses,
mais leurs votes sur ces matières sont soumis à l'approbation des
Gouverneurs.

Quant au mode d'assiette et aux règles de perception des impôts,
ces points sont expressément réservés à des règlements d'administration publique. Les Conseils généraux n'ont même pas la faculté, qui
leur sera donnée en 1866, de délibérer sur ces matières.

Installé dans ces conditions, le Conseil général de la Guadeloupe
était tenu de respecter l'assiette et les règles de perception du droit
à la sortie, telles qu'elles existaient au moment de son institution.

C'est ce qu'il a fait. Et non content de la respecter, il a donné tous
les ans à la nature essentiellement foncière de cet impôt la plus
solennelle consécration.

En effet, dans tous les budgets qu'il vote depuis sa création, le
droit à la sortie figure en ces termes :

« DROITS DE SORTIE REPRÉSENTANT L'IMPÔT FONCIER... »

Dans tous les Tarifs des taxes locales que lui propose chaque année l'Administration, et qu'elle promulgue après qu'il les a votés, le même droit est inscrit comme suit :

« Contribution foncière.

« § 1. *Droit* sur le produit des terres cultivées en cannes
« (sucres, sirop et tafia) *perçu à la sortie*...
« § 2. *Droit* sur le produit des terres cultivées en café...
« § 3. *Droit* sur le produit des terres cultivées en vivres... »

Est-ce donc par une imitation irréfléchie du passé et sans une parfaite conscience des expressions qu'il emploie, que le Conseil général, lui aussi, donne au droit à la sortie le nom de contribution foncière, et lui assigne pour base le produit des terres cultivées ?

L'incident qui suit va répondre à cette question.

En 1855, l'Administration propose à cette assemblée de frapper le sirop du droit à la sortie. La commission financière repousse cette proposition, et les raisons qu'elle donne à ce sujet par l'organe de son rapporteur sont vraiment remarquables.

« Il ne faut pas perdre de vue, dit ce document, *qu'il ne s'agit pas*
« *ici de l'établissement d'un droit à la sortie des denrées fabriquées,*
« telles que sucre, café et sirop, mais *de régler la contribution foncière*
« *à laquelle sont soumises les terres cultivées en cannes ou cafés.*
« Le droit établi à la sortie de ces denrées *n'est qu'un mode de per-*
« *ception de l'impôt,* un moyen de le réaliser de la manière la plus
« prompte, la plus sûre et la plus économique; *mais il n'en change*
« *pas la nature, et c'est toujours l'impôt foncier appliqué aux habita-*
« *tions sucreries et aux caféières, et non un droit particulier* établi
« sur la fabrication des produits de ces habitations.
« Or, s'il est reconnu, et cela paraît incontestable, que pour les
« habitations sucreries, les éléments de production consistent dans

« le sucre, le sirop et la conversion de ces sirops en tafia, on se
« demande pourquoi, *lorsque l'impôt foncier, calculé à raison de*
« *5 p. 0/0 du revenu total, pèse déjà d'une manière si lourde sur le*
« *planteur de cannes, on frapperait encore les produits qu'il a fabriqués*
« *ou récoltés* et qui, dans leur ensemble, ont servi de base
« à la totalisation de l'impôt, d'une charge nouvelle qui viendrait
« s'y ajouter *en grevant les produits lors de leur exportation....*

« Par suite de ces observations, votre commission a cru devoir ré-
« diger de la manière suivante la partie du paragraphe dont il s'agit :

« CONTRIBUTIONS FONCIÈRES.

« *Droit à raison de 5 p. 0/0 du revenu sur les terres cultivées en*
« *cannes* (sucres, sirops et tafias) *perçu à la sortie* à raison de
« 2 francs par 100 kilogrammes de sucre....

« *Droit à raison de 5 p. 0/0 du revenu sur les terres cultivées en café,*
« *perçu à la sortie* à raison de 3 francs par 100 kilogrammes... »

Si l'on se reporte maintenant aux procès-verbaux de la discussion,
on voit que dans sa séance du 29 octobre 1855, le Conseil général,
« délibérant sur ce point, *admet toutes les modifications demandées par*
« *le rapport,* qui sera, d'ailleurs, pour l'intelligence de ses déve-
« loppements, annexé au procès-verbal. »

Et depuis 1855, la rédaction proposée par ce rapport se retrouve
presque textuellement dans tous les Tarifs annuels!... (1)

---

(1) Dans les tarifs des taxes locales pour 1868 et pour 1869, la rubrique
CONTRIBUTIONS FONCIÈRES disparaît. Le droit à la sortie est classé parmi les CONTRI-
BUTIONS INDIRECTES, avec cette formule : *Droit de sortie sur les denrées ci-après,*
à l'exportation. Mais cette dérogation à l'arrêté de 1848, émanée de l'administration locale, ne saurait avoir, sous la constitution actuelle, aucune portée juri-
dique. Au surplus, dans les budgets de ces deux dernières années, le droit à la
sortie figure encore comme *représentant l'impôt foncier.*

Telle est l'opinion du Conseil général sur le droit à la sortie. Cette assemblée a dit le dernier mot sur le caractère et la nature de cette imposition.

C'est par là que nous en terminons l'historique.

Après cette étude, comment ne serait-on pas fixé sur l'assiette de cette contribution ?

L'unité constante de l'impôt sur la campagne, les raisons qui président, dans les ordonnances de 1763 et de 1810, à l'établissement du droit à la sortie, le nom de *contribution foncière* qu'il prend dans l'arrêté de 1848 et qu'il conserve dans tous les budgets depuis lors, sont autant de preuves que cet impôt est assis sur le sol cultivé.

Il ne faut plus songer à en placer l'assiette sur la denrée. S'il était assis sur le sucre même, ce serait une sorte d'impôt *sur le revenu;* mais alors ce serait une contribution *indirecte et mobilière,* et l'on ne s'expliquerait pas le nom de *contribution directe et foncière* que notre dernier législateur lui a donné.

Au surplus, la législation que nous venons d'analyser établit tout au moins que dans la pensée de nos divers législateurs, le sucre, au point de vue de l'impôt, n'a jamais été isolé de la terre. Le droit à la sortie n'a jamais frappé le sucre *considéré d'une manière absolue, abstraction faite de sa provenance foncière.* Si donc le droit à la sortie pouvait être considéré comme un impôt *sur le revenu,* ce serait un impôt *sur le revenu de la terre seulement.*

Or il serait indifférent pour notre thèse que cette imposition reposât *sur le produit du sol,* au lieu de reposer *sur le sol même.* Il n'y a là qu'une affaire de mots. Dans l'un et l'autre cas, c'est la terre, et la terre seule, qui est en jeu.

Donc, dans les deux hypothèses, on doit conclure ainsi : LE DROIT A LA SORTIE, C'EST L'IMPÔT FONCIER.

DEUXIÈME PARTIE.

L'INDUSTRIE SUCRIÈRE.
Empiétements de l'impôt foncier sur l'industrie.

§ I.— LES USINES.— RÉVOLUTION ÉCONOMIQUE.— SILENCE DE LA LÉGISLATION.

Nous n'avons pas voulu interrompre l'historique du droit à la sortie pour parler d'un événement de la plus haute importance qui se produit à la Guadeloupe après le tremblement de terre de 1843.

Cet événement, c'est la fondation des premières *usines centrales,* c'est l'installation dans la colonie de L'INDUSTRIE SUCRIÈRE.

Les premières fabriques de sucre ont été fondées à la Guadeloupe en 1844, par la Compagnie des Antilles. Ce sont les usines Grand'-Anse, à Marie-Galante, Bellevue, Marly et Zévallos, à la Grande-Terre.

Vers la même époque, quelques usines sont fondées aussi par des particuliers.

Avec ces établissements apparaissent des procédés de fabrication jusqu'alors inconnus, des moulins horizontaux, des filtres au noir animal, de nouveaux appareils d'évaporation et de *cuite*, enfin cet agent qu'on a appelé l'âme de l'industrie, — la vapeur, — la vapeur partout, pour broyer la canne, pour déféquer, évaporer et condenser le vesou, et pour le convertir en sucre.

En 1852, la *turbine* vient compléter ces premières merveilles.

Cependant la glorieuse initiative des premiers fondateurs d'usines n'est pas couronnée de succès. Après ce noble effort, qui a produit du moins, dans la colonie, l'enfantement de l'industrie sucrière, cette industrie reste stationnaire pendant une quinzaine d'années.

Après ce temps de repos, elle reçoit tout à coup une nouvelle impulsion, mais ce nouvel effort donne naissance à une industrie moyenne.

De petites usines, dites *bourboniennes,* du nom de l'île où elles ont fonctionné d'abord, moins coûteuses, moins puissantes et moins parfaites que les grandes fabriques, sont établies sur divers points du pays. Leurs résultats ne répondent pas aux espérances qu'on en a conçues, et bientôt la grande industrie prend un nouvel essor.

Les usines perfectionnées de la maison J.-F. Cail et Cie s'installent dans la colonie, avec leurs moulins puissants, leurs chaudières à cuire dans le vide, et un ensemble d'appareils plus parfaits que ceux des fabriques de 1844. L'usine Trianon, édifiée à Marie-Galante en 1861, les usines Beauport, Clugny, Duchassaing, fondées à la Grande-Terre en 1863, réalisent aujourd'hui à la Guadeloupe le dernier degré de la perfection industrielle. Dans quelques semaines, l'usine D'Arboussier, située à la Pointe-à-Pitre, la plus vaste fabrique de sucre qu'on ait jamais vue, viendra s'inscrire en tête de ce bilan du progrès colonial.

Au moyen de leurs nouveaux procédés de fabrication, non seulement ces usines donnent au sucre une qualité et une valeur inconnues auparavant, mais encore elles en doublent presque la quantité.

Alors que les vieux appareils retiraient de 100 kilogrammes de cannes environ 5 ou 6 kilogrammes de sucre brut, les fabriques perfectionnées de notre époque en font sortir, par la magie du progrès, de 9 à 10 kilogrammes de sucre de qualité supérieure.

Cinq kilogrammes de sucre brut à raison de 20 francs le quintal, représentent une valeur de 2 francs, tandis que 10 kilogrammes de sucre d'usine au prix de 30 francs, ont une valeur de 6 francs; de sorte qu'en combinant la qualité supérieure avec l'excédant de quantité, on peut dire que ces usines font produire à la canne trois fois plus d'argent qu'autrefois.

Il ne nous appartient pas d'entrer dans le détail de tous les perfectionnements que ces établissements ont apportés dans la fabrication du sucre.

Notre rôle est de rechercher, au point de vue économique, les faits nouveaux qui apparaissent avec l'industrie sucrière.

Les usines centrales, on le sait, achètent des cannes, de même que les fabriques de France achètent des betteraves, et en payent le prix en comptant aux planteurs la valeur de 5 à 6 kilogrammes de sucre brut dit *bonne quatrième*, par 100 kilogrammes de cannes qui leur sont livrés.

A ce simple exposé du fonctionnement des usines, on entrevoit toute une révolution dans l'économie coloniale.

Avec l'industrie, un fait capital se produit : c'est LA SÉPARATION DE LA CULTURE ET DE LA FABRICATION.

Les conséquences de ce fait sont immenses. Pour bien les apprécier, il faut se rappeler ce qu'est la fabrication du sucre avant 1844.

On se souvient qu'à cette époque le sucre est fabriqué par le propriétaire du sol, avec ses propres cannes, au moyen d'appareils qui sont un accessoire du fonds, par des procédés qui sont les mêmes pour tous, enfin sans que le propriétaire ait la possibilité de réaliser le produit de sa terre autrement que par cette fabrication.

Tels sont les caractères fondamentaux de la fabrication du sucre avant la création des usines.

Eh bien! chose remarquable, la séparation de la culture et de la fabrication anéantit d'un seul coup toutes les circonstances économiques de l'ancienne manipulation sucrière, toutes, sans exception.

Déjà on a vu disparaître l'uniformité des moyens de fabrication, et par suite *l'uniformité du produit.*
Tandis qu'auparavant les seules causes susceptibles d'agir d'une manière sensible sur le rendement de la canne et sur la qualité du sucre proviennent de la nature du sol, aujourd'hui c'est la fabrication qui joue le principal rôle dans ces variations. L'influence de la terre n'est plus rien auprès des différences considérables qui se produisent dans la valeur et dans la quantité du sucre, suivant que la manipulation a lieu par l'ancien équipage du père Labat, par une usine bourbonienne, par une des anciennes fabriques plus ou moins transformée, ou par une usine perfectionnée.

Une autre conséquence de la séparation de la culture et de la fabrication, c'est l'apparition D'UN CAPITAL NOUVEAU, D'UNE BRANCHE NOUVELLE DE LA FORTUNE PUBLIQUE.

Ce capital comprend des constructions immenses, des appareils nombreux et considérables pour la fabrication, parfois jusqu'à des bateaux à vapeur et des chemins de fer pour le transport des cannes.
On peut se faire une idée de l'importance qu'il acquiert en certains cas, quand on songe que l'usine de la Pointe-à-Pitre est fondée par une société dont les actions forment un total de 2,400,000 francs, qui ne suffiront pas à la payer.

Mais ce qu'il est essentiel de mettre en relief, c'est que ce nouveau capital est UN CAPITAL DISTINCT DU CAPITAL FONCIER.

Cette distinction est évidente lorsque l'usine appartient à de *purs industriels,* particuliers ou sociétés, qui ne possèdent ni fonds ni plantations.

L'usine étant alors par elle-même une propriété principale, entière et complète, sans aucun lien de fait ni de droit avec aucune autre propriété, constitue forcément par elle-même un capital, et ce capital c'est LE CAPITAL INDUSTRIEL, qui apparaît alors dans toute sa netteté.

Mais la distinction entre le capital industriel et le capital foncier existe encore à notre avis, quoique moins saisissante, lorsque l'usine est établie par un propriétaire foncier, à ses frais, sur son propre fonds.

Et d'abord, parmi les planteurs qui édifient des usines, la plupart y fabriquent non-seulement leurs propres cannes, mais encore des cannes qu'ils achètent à d'autres planteurs.

Or, ceux-là sont *des industriels, des commerçants;* ils font *acte de commerce, car ils achètent une matière première pour la revendre après l'avoir travaillée. (Code de Commerce, art. 632).*

Pour ceux-là, il n'est pas douteux que l'usine, fondée non-seulement pour transformer les fruits de leurs terres, mais encore dans un but de spéculation commerciale et industrielle, constitue, malgré la provenance *mixte* de la matière première, un capital distinct du capital foncier.

Mais en est-il de même pour celui qui ne fabrique à son usine que ses propres cannes ?

Sans doute, en droit civil, ce planteur n'est pas un commerçant, son usine n'est pas un établissement commercial. Mais au point de vue d'un impôt dont l'assiette est restreinte, ainsi qu'on l'a vu, *au sol productif,* il est impossible de soutenir que cette usine, avec son matériel coûteux, puissant, perfectionné, qui vaut la plupart du temps plus que le fonds lui-même, et qui fait subir à la canne une transformation beaucoup plus parfaite que ne l'exige la simple réalisation du produit du sol, est encore un accessoire du fonds.

Mais la solution de cette difficulté est indifférente à notre sujet. Il importe peu que le capital industriel n'existe pas aujourd'hui pour tous les producteurs de sucre. Pour certains d'entre eux il existe sans aucun doute. Cela suffit pour qu'on reconnaisse actuellement à la Guadeloupe l'existence légale de *l'industrie*, comme *capital distinct du sol*, comme *nouvelle source de richesses*, par conséquent comme NOUVELLE ASSIETTE D'IMPOTS.

Et la meilleure preuve qu'il y a là une nouvelle assiette d'impôts se tire de l'existence même des impositions toutes spéciales, comme la patente industrielle, qui frappent aujourd'hui les fabricants de sucre à la Guadeloupe.

Voilà pour le capital. Passons au revenu.

Ici se présente la question de savoir si depuis l'installation de l'industrie sucrière dans la colonie, le sucre peut être encore considéré comme un produit du sol.

Parmi les productions de la terre, que certains économistes appellent les productions *foncières* ou *de premier ordre*, par opposition aux produits de l'industrie, qu'ils nomment productions *mobilières* ou *de second ordre*, les unes sont susceptibles d'un usage ou d'un emploi en sortant des mains du propriétaire foncier, tantôt dans l'état même où elles sont récoltées, le plus souvent après avoir subi, chez ce propriétaire lui-même et par ses soins, une transformation plus ou moins importante.

On les désigne sous le nom de produits *de subsistance* ou *de consommation*.

Les autres, au contraire, ne peuvent être ni consommées, ni employées à un usage quelconque, sans avoir passé par les mains de l'artisan ou par les appareils d'une manufacture, sans avoir subi en un mot la transformation industrielle.

Ces dernières productions constituent ce qu'on appelle les *matières premières*.

Cette division établie, il convient de rechercher ce qu'était la canne, ce qu'était le sucre, dans l'ordre économique, à l'époque où l'industrie n'existait pas dans la colonie, ce que la canne et le sucre sont devenus, dans le même ordre d'idées, depuis la naissance de l'industrie sucrière.

Le sucre, on l'a déjà vu, était autrefois un produit du sol, une production foncière.

Pourquoi ? Parce qu'il sortait toujours des mains du propriétaire foncier à l'état de produit de consommation, après avoir subi, chez ce propriétaire même, une transformation sans laquelle le produit du sol n'était pas susceptible d'être réalisé.

Mais si le sucre est alors un produit du sol, qu'est-ce donc que la canne ?

En 1763, en 1810 et jusqu'en 1844, la canne ne peut être rangée au nombre des productions foncières.

Non susceptible d'être vendue, puisque la consommation n'en a que faire et que l'industrie n'existe pas, ce n'est ni une denrée de consommation ni une matière première. La canne n'est donc pas un produit; elle est seulement ce qu'on peut appeler *la forme primitive d'un produit*. Elle n'a pas en un mot d'existence économique.

Aujourd'hui un changement considérable s'est opéré :

Par suite de l'existence des usines, LA CANNE A SUCRE EST DEVENUE UNE MATIÈRE PREMIÈRE.

Quelles sont les conséquences de cet événement ?

La première, c'est que la canne à sucre est aujourd'hui un produit du sol, une production foncière.

La seconde, c'est que dès l'instant où, dans l'ordre économique, la canne est devenue un produit de premier ordre, une production foncière, par cela même le sucre est devenu un produit de second ordre, une production industrielle.

Ce résultat n'est pas contestable lorsqu'il s'agit du sucre fabriqué par les usines. Il n'est plus possible de voir dans ce sucre un produit de la terre.

Du moment que la canne a passé par la balance de l'usine et que le planteur en a touché le prix, le produit du sol est réalisé; *la terre a produit tout son revenu.* Entre la canne et la terre, tout lien est désormais rompu. La canne appartient à l'industrie : c'est une matière première. La transformation que cette matière première subira par le moyen de l'usine, c'est-à-dire du capital industriel, sera une transformation industrielle. Le produit qui en sortira sera nécessairement un produit industriel.

Sans doute ce produit industriel contiendra le produit du sol.

Mais n'est-ce pas là le fait de tous les produits de cette nature ? Il n'y a pas de production industrielle possible sans une matière première. Donc on retrouve, dans toutes les productions de cette espèce, et le produit du sol et le produit de l'industrie.

Faut-il nier pour cela qu'il existe des produits industriels ? Non. La seule conséquence à tirer du caractère mixte de ces productions, et particulièrement du sucre, c'est qu'on pourra trouver encore dans le sucre un moyen de frapper le sol, mais à la condition de frapper le sucre seulement à raison et en proportion de la matière première qu'il contient.

Mais tout le sucre, dira-t-on, n'est pas fabriqué par les usines. Certains propriétaires fabriquent encore du sucre dans les mêmes conditions qu'avant 1844.

Cela est très-vrai. Parmi ces propriétaires, les uns n'ont pas à leur portée une usine à qui vendre leurs cannes; d'autres, qui pourraient les vendre, préfèrent les fabriquer eux-mêmes.

Mais ces situations, qu'on peut déjà qualifier d'exceptionnelles, et qui deviendront de plus en plus rares à mesure que l'industrie étendra ses progrès, ne sauraient enlever au sucre fabriqué avec des cannes achetées, au sucre des usines, le caractère de produit industriel que lui assignent aujourd'hui les faits et les principes.

S'il plaisait à un producteur de lin de fabriquer de la toile, les tribunaux pourraient peut-être décider que ce producteur ne devient pas pour cela un industriel, mais ce fait n'empêcherait pas l'économiste de voir, dans la toile fabriquée par des industriels, un produit de l'industrie.

On doit d'ailleurs se demander si, dans l'ordre économique, le même produit peut être tantôt foncier, tantôt industriel; s'il est possible de voir encore dans le sucre d'habitant un produit du sol, alors qu'il existe aujourd'hui dans la colonie un autre sucre qui n'a pas ce caractère, alors qu'en droit pur, et en dehors des convenances personnelles de certains planteurs, la fabrication du sucre par le propriétaire foncier a cessé aujourd'hui d'être obligatoire.

Mais quelque soit l'intérêt de cette question, elle est étrangère à notre sujet. Il ne s'agit ici que des usines. Il suffit donc de démontrer, ce que nous avons fait, que le sucre fabriqué par les usines est un produit industriel.

L'installation de l'industrie sucrière à la Guadeloupe a donc introduit dans cette colonie un nouveau capital distinct du capital foncier. Elle a donné naissance à un nouveau produit, à un produit de l'industrie.

Ce nouveau capital, c'est *l'usine*. Ce nouveau produit, c'est *le sucre d'usine*.

Et c'est en présence d'une pareille révolution économique que les législateurs coloniaux gardent le silence pendant vingt-quatre ans !

Il semble, à lire les budgets de 1844 à 1868, qu'aucun changement ne s'est produit à la Guadeloupe, depuis 1810, dans la fabrication du sucre !

§ II. — Inégalités et confusion dans la perception de l'impôt foncier. — Comment il atteint l'industrie.

De ce contraste entre le silence de la législation et la marche des événements, que devait-il naître ?

Ce qui résulte forcément de tout désaccord entre les lois et les faits accomplis : une déplorable confusion.

Après 1844 comme auparavant, le droit à la sortie a continué à servir de mode de perception de l'impôt foncier, sans subir aucune modification.

Les différents pouvoirs appelés depuis cette époque à régler l'assiette, les règles de perception et la taxe des contributions coloniales, n'ont pas pris garde que ce moyen d'atteindre la terre, excellent à une époque où le sucre était toujours une production foncière, est devenu impraticable du jour où il a constitué, soit d'une manière générale, soit dans certains cas seulement, un produit industriel.

A partir de ce moment, le droit à la sortie est venu forcément s'as-

seoir en partie sur l'industrie sucrière, et cela, sans que l'assiette de
cet impôt ait été légalement déplacée. De simple, juste et égal qu'il
était auparavant, il s'est transformé, — à l'insu de ceux qui l'ont
voté, — en une source de complications, d'inégalités, d'injustices.

Veut-on admettre que la canne est aujourd'hui le seul produit du sol ?

Voici ce qui résulte alors de la perception de l'impôt foncier faite
au moyen du sucre, c'est-à-dire du produit industriel :

Depuis l'équipage du père Labat, qui existe encore sur un certain nombre d'habitations, et qui retire de 100 kilogrammes de cannes
5 ou 6 kilogrammes de sucre, jusqu'à l'usine perfectionnée, qui en
retire de 9 à 10 kilogrammes, chaque procédé de fabrication, chaque
appareil, en un mot, chacun des degrés du *rendement* industriel,
devient une base de perception de l'impôt foncier.

Le revenu du sol étant calculé sur la puissance d'extraction des
machines, la terre dont les cannes sont fabriquées à une usine bourbonienne paye l'impôt 50 p. 0/0 plus cher que celle dont les produits sont fabriqués par les anciens procédés; celle dont les fruits
sont vendus à une grande usine le paye double.

On arrive à cette situation blessante pour la raison comme pour
le droit, d'un impôt foncier ayant autant de bases d'évaluation qu'il
y a de modes de transformation industrielle de la matière première
produite par le fonds, à quelque chose d'aussi étonnant que si
l'impôt sur les maisons, par exemple, était perçu sur certains immeubles à raison de 5 p. 0/0 du loyer, et sur d'autres à raison de
10 p. 0/0.

On arrive non seulement à ~~un empiétement~~ de l'impôt foncier sur
l'industrie, mais encore à une violation du principe même de l'égalité
de l'impôt.

Veut-on soutenir que le sucre fabriqué par le planteur avec ses
propres cannes est encore un produit foncier ?

Dans cette hypothèse, il ne faut pas perdre de vue que le sucre d'usine constitue certainement, quant à lui, un produit industriel.

Qu'arrive-t-il alors? C'est que le droit à la sortie, en frappant également le sucre d'habitant, produit du sol, et le sucre d'usine, produit industriel qui contient en même temps le produit du sol, frappe tantôt la terre seule, tantôt la terre et l'industrie cumulativement.

Dans ce dernier cas, il y a encore empiétement de l'impôt foncier sur l'industrie.

Cet abus est manifeste lorsque, dans les marchés relatifs à la vente des cannes par le planteur à l'usine, le droit à la sortie est mis, suivant l'usage, à la charge de l'industriel.

Dès l'instant que la canne a été achetée par l'usine, dès l'instant que le revenu du sol est pleinement réalisé, il est certain que tout impôt qui vient frapper dans le produit final autre chose que la matière première qu'il contient, cesse d'être un impôt purement foncier.

Suivre le produit du sol au delà de la balance de l'usine, pour y chercher une base de perception qui variera suivant le degré de puissance de chaque appareil, c'est prendre pour base du droit à la sortie la fabrication industrielle; c'est donc faire peser sur l'industrie un excédant d'impôt qui n'est plus l'impôt foncier.

Le droit est-il payé par le planteur? C'est alors entre les propriétaires du sol que l'égalité de l'impôt est violée; on a vu plus haut de quelle manière.

Mais il y a ici quelque chose de plus : non seulement l'impôt pèse sur le planteur d'une manière inégale, mais encore il le frappe à raison ~~de l'inégalité de la production~~ d'un rendement de la matière première dont il ne profite pas!

C'est le dernier degré de la perturbation dans le recouvrement de l'impôt foncier.

TROISIÈME PARTIE.

CONCLUSION.

De la nécessité de modifier le droit à la sortie.

§ Ier. — SESSION DU CONSEIL GÉNÉRAL DE 1868.

On vient de voir dans quel chaos la contribution foncière est tombée à la Guadeloupe, et comment l'industrie sucrière est la victime de ce désordre économique.

On a vu aussi que tout le mal vient de l'application actuelle du droit à la sortie au recouvrement de l'impôt foncier.

Pour remédier à cette situation, il faut donc nécessairement modifier le droit à la sortie.

Il faut le transformer de telle sorte qu'il redevienne ce qu'il était originairement, un mode de perception de l'impôt foncier.

Pour cela, il suffit de voter la taxe de cette imposition de telle manière que *le sol en soit seul frappé.*

Ce résultat est facile à atteindre.

On a vu déjà comment la canne à sucre est devenue aujourd'hui le véritable produit du sol, tandis que le sucre est devenu un produit industriel qui contient en même temps le produit du sol.

Il faut donc frapper dans le sucre la matière première qu'il représente, c'est-à-dire la canne, et la canne seulement.

L'industrie sucrière et la puissance productive de chaque mode de fabrication du sucre sont assez connues aujourd'hui pour qu'on puisse évaluer, avec une exactitude presque rigoureuse, le rapport en poids du produit de chaque espèce de manipulation avec la quantité de matière première employée.

La base de la perception est donc toute trouvée.

A l'aide de certains types correspondant aux divers degrés de puissance des appareils, types suivant lesquels la perception de l'impôt serait graduée, on rendrait au droit à la sortie son véritable caractère d'impôt foncier.

Au surplus, c'est au législateur qu'il appartient de trouver le remède à une situation qui ne peut plus durer.

Ce législateur, c'est le Conseil général de la Guadeloupe.

Cette assemblée vient de tenir sa session ordinaire de 1868. Mais loin de faire cesser la confusion qui entoure la perception de l'impôt foncier, elle n'a fait qu'y ajouter une nouvelle difficulté.

Alors que la législation coloniale établit si clairement, de l'aveu même du Conseil, que le droit à la sortie est un mode de perception de l'impôt foncier, alors que, depuis 1845, la qualité du sucre n'entre pour rien dans la base de perception de cet impôt, voici que tout à coup la commission financière vient proposer, au début de cette session, l'établissement d'une taxe différentielle à la sortie sur les sucres d'usine.

Le Comité des usines s'émeut. Il s'empresse d'appeler l'attention du Conseil général sur la question de savoir si le sénatus-consulte de 1866, en lui donnant seulement la faculté de délibérer sur *le mode*

d'assiette et les règles de perception des contributions et taxes, l'autorise à voter souverainement cette taxe différentielle.

Et comme cette idée de taxe différentielle met en jeu l'assiette du
droit à la sortie, il en tire occasion pour poser aussi devant cette assemblée la question de savoir si la perception de ce droit, faite d'une
manière uniforme sur tous les sucres, ne contient pas déjà *un déplacement partiel de l'assiette de cette imposition.*

Le Conseil général a rejeté la taxe différentielle.

Mais il l'a rejetée par des raisons *d'inopportunité,*—c'est ce qui résulte de la discussion; — il l'a repoussée *au fond,* après avoir affirmé
par un vote solennel sa compétence pour l'établir.

Dans ce vote, il y a pour l'industrie coloniale un immense danger.

Dans deux ans, dans un an peut-être, cette thèse du droit différentiel peut être reprise par une commission, acceptée par l'assemblée.
Sait-on quelle sera alors cette différence de taxe ?

En 1868, on a proposé pour les sucres d'usine un droit de 3 francs
par 100 kilogrammes, soit de 15 francs par barrique, tandis qu'on
taxait à 2 francs, soit à 10 francs par barrique, le sucre d'habitant.

Vienne le déficit dans les finances, vienne le besoin impérieux de
faire de l'argent, qui peut dire de quelles charges on ne grèvera pas
l'industrie sucrière par ce moyen si commode d'une taxe différentielle ?

Au lieu de 200,000 francs qu'on a songé à lui demander cette année,
chiffre que représente une surtaxe de 5 francs sur 40,000 barriques
de sucre, est-on sûr qu'on ne lui demandera pas un jour 300, 400,
500 mille francs ?...

D'un autre côté, si le Conseil général a repoussé en 1868 la taxe
différentielle sur le sucre d'usine, il a continué à voter la taxe du droit
à la sortie sur tous les sucres indistinctement, sans examiner si une
taxe uniformément perçue n'avait pas pour effet d'atteindre l'industrie sucrière.

Ici il n'y a plus seulement un danger pour l'avenir, il y a un préjudice actuel, un préjudice considérable.

Quarante mille barriques de sucre d'usine payant le droit à raison de 10 francs par barrique, représentent un chiffre de 400,000 francs.

Mais si ces quarante mille barriques, formant le total de la production des usines de toutes sortes, ne représentent pas plus de matière première ou de produit du sol que vingt-cinq mille barriques de sucre d'habitant, il y a là un tort de 150,000 francs fait à l'industrie.

Telle est la situation actuelle de l'industrie sucrière à la Guadeloupe.

D'une part le Conseil général la menace d'un impôt spécial à raison de la qualité de ses produits.

D'autre part il persiste à consacrer, par l'ancienne perception du droit à la sortie, l'empiétement de l'impôt foncier sur l'industrie.

Il y lieu d'examiner séparément ces deux votes.

§ II. — LE CONSEIL GÉNÉRAL EST-IL COMPÉTENT POUR ÉTABLIR UNE TAXE DIFFÉRENTIELLE SUR LES SUCRES D'USINE ?

Le vote par lequel le Conseil général de la Guadeloupe, dans sa session ordinaire de 1868, s'est déclaré compétent pour établir par voie de statut un droit différentiel sur les sucres d'usine, n'est que l'affirmation solennelle d'un pouvoir dont il n'a pas fait usage.

Le comité des usines auquel aucun préjudice actuel n'est porté par cette décision de principe, est sans qualité pour l'attaquer.

Toutefois il convient d'en dire quelques mots, à raison du danger qu'elle contient et de l'usage que le Conseil en pourrait faire un jour.

Il est facile de démontrer que l'établissement d'une taxe différentielle sur le sucre d'usine serait une mesure doublement inconstitutionnelle.

S'il est établi que l'assiette du droit à la sortie repose *exclusivement sur le sol cultivé*, comme le vote d'une taxe différentielle sur les sucres d'usine pèserait *exclusivement sur l'industrie* en frappant ces sucres à raison d'une qualité que l'industrie seule est apte à leur donner, il est évident qu'une pareille taxe contiendrait non seulement *un déplacement de l'assiette du droit à la sortie,* mais encore *la création d'un impôt sur l'industrie.*

A ce titre, le Conseil général, appelé à *délibérer* seulement *sur l'assiette des contributions et taxes,* serait incompétent pour la voter.

Mais ce vote contiendrait encore, sans aucun doute, *un changement dans les règles de perception de l'impôt.*

Ces règles de perception consistent, on l'a vu, dans le prélèvement d'un droit *fixe* et *unique,* ayant pour seule base *le poids de la denrée.*

Or la taxe différentielle, contrairement à ce qui existe, viendrait s'adresser à la *qualité* du produit.

D'un droit unique elle ferait un droit à deux échelons, et ces deux droits puiseraient leur raison d'être dans la *différence de valeur* des produits.

Les règles de perception de l'impôt seraient donc nécessairement modifiées.

Le Conseil général serait incompétent, personne ne le contestera, pour changer en un droit *ad valorem* le droit *fixe* qui sert de base à la perception du droit à la sortie.

Qu'est-ce donc qu'un droit fixe à deux échelons, si ce n'est un droit *ad valorem* déguisé?

Dans l'un et l'autre cas, on s'écarte du droit unique qui est la base de la perception de l'impôt.

En vain chercherait-on, dans l'ordonnanne de 1810, une analogie propre à justifier l'établissement d'un droit spécial sur le sucre d'usine. Cette analogie n'existe pas.

En soumettant à des droits différents le sucre brut et le sucre terré, le législateur anglais, on l'a vu plus haut, n'a fait que consacrer l'idée de la perception du droit à la sortie sur la base exclusive du poids de la denrée. L'excédant d'impôt dont il frappait le sucre terré s'adressait non pas à la qualité supérieure de ce produit, mais bien à la quantité de sucre brut qui, par suite de l'opération du terrage, n'était pas représentée.

Aujourd'hui, un excédant de droit qui serait perçu sur le sucre d'usine ne pourrait s'expliquer autrement que par la qualité supérieure de cette denrée. Donc, un élément nouveau serait introduit dans la perception du droit à la sortie.

Mais d'ailleurs les deux droits établis en 1810 ont disparu, depuis 1845, de la législation coloniale. A partir de cette époque, le droit à la sortie, malgré l'apparition du sucre d'usine, est devenu et est resté un droit unique.

Le Conseil général ne pourrait donc, sans violer la législation existante, déroger à cette unité du droit.

§ III. — Le Conseil général avait-t-il le pouvoir de frapper les sucres produits par les usines du même droit que les sucres d'habitant?

Nous arrivons à la question de savoir si le Conseil général avait le pouvoir de frapper les sucres produits par les usines du même droit que les sucres d'habitant.

Nous n'hésitons pas à penser que son vote sur ce point est encore illégal et inconstitutionnel.

Pour établir cette illégalité, il suffit de rappeler que l'assiette du droit à la sortie repose SUR LE SOL CULTIVÉ.

Il suffit de rappeler aussi ce qui a été dit plus haut pour établir que toute taxe qui frappe dans le sucre, considéré comme produit industriel, autre chose que la matière première qu'il représente, a pour effet d'asseoir le droit à la sortie sur l'industrie comme sur le sol, et contient dès lors *un déplacement partiel de l'assiette de cette imposition*.

Pour nier cette conséquence, il faut oublier le fait si important de LA SÉPARATION DE LA CULTURE ET DE LA FABRICATION, il faut nier l'existence de *l'industrie* COMME CAPITAL DISTINCT DU SOL, il faut soutenir que la canne n'est pas aujourd'hui UNE PRODUCTION, UNE MATIÈRE PREMIÈRE, que le sucre, même le sucre d'usine, n'est pas devenu UN PRODUIT INDUSTRIEL; il faut dire, en un mot, que la fabrication du sucre, en 1868, est encore ce qu'elle était en 1763 et en 1810.

Là n'est donc pas la difficulté. Mais voici une autre objection :

Au moment de l'institution du Conseil général, pourrait-on dire, le droit à la sortie était perçu depuis dix ans sur tous les sucres uniformément. Il existait donc alors un impôt sur l'industrie. En votant des taxes qui atteignent à la fois le sol et l'industrie, le Conseil ne fait qu'user du droit que lui donne l'article 1er du Sénatus-Consulte de 1866.

A cette objection il faut répondre par une question ;

A quelle époque et par quelle autorité cet impôt sur l'industrie a-t-il été créé ?

Ce n'est pas à coup sûr par le Conseil général, car ni avant, ni après 1866, il n'a eu le pouvoir de statuer sur l'assiette des impôts.

Serait-ce dans les dix années qui s'écoulent de 1844, époque de la fondation des premières usines, à 1854, époque de la création du Conseil général ?

Durant cette période, les Conseils coloniaux, puis les Gouverneurs, ont eu, il est vrai, le droit de régler l'assiette des impôts, mais ont-ils jamais fait usage de ce droit pour asseoir un impôt sur l'industrie ?

Dans les décrets du Conseil colonial, on ne trouve rien de semblable.

Qu'ils soient postérieurs ou antérieurs à la création des usines, les termes par lesquels le droit à la sortie y est qualifié sont identiquement les mêmes. C'est toujours le *droit fixe en remplacement de la capitation des nègres de grande culture (sucreries et caféières)*.

Les Gouverneurs auraient-ils créé de 1848 à 1854 cet impôt sur l'industrie ?

Il serait étrange assurément que l'assiette du droit à la sortie eût été étendue à l'industrie précisément par le législateur qui le premier a donné à cet impôt le nom de CONTRIBUTION FONCIÈRE.

Aussi croira-t-on sans peine qu'il n'en est rien.

Ouvrons l'arrêté du 8 novembre 1848.

Si un impôt a été établi sur l'industrie, c'est là qu'on le trouvera, car ce monument législatif, postérieur à la création des usines, est le dernier qui ait réglé l'assiette des contributions à la Guadeloupe.

Eh bien! que contient cet arrêté?

« Les contributions seront perçues, en 1849, DANS LES FORMES ET
« D'APRÈS LES DISPOSITIONS DU DÉCRET COLONIAL DU 21 JANVIER 1841,
« *et suivant les tarifs fixés par le présent.* »

Cet arrêté de 1848, c'est le législateur lui-même qui le dit, n'est
qu'un arrêté de *tarification*. Il se borne à établir *la taxe des impôts*
pour l'année 1849.

Pour ce qui est de l'assiette des contributions, l'auteur de l'arrêté
s'en réfère évidemment *au décret colonial du 21 janvier 1841*, puisqu'il
renvoie *aux formes et dispositions de ce décret* pour tout ce qui ne con-
cerne pas *les tarifs*.

Or comment le décret de 1841, *antérieur de trois ans à la fondation des premières usines*, aurait-il établi un impôt sur l'industrie?

Mais l'arrêté de 1848, va-t-on dire, établit la taxe du droit à la
sortie sur le sucre sans aucune distinction, bien qu'à cette époque
plusieurs fabriques de sucre soient depuis quatre ans en activité.
Cette taxe a donc frappé l'industrie, et puisque cette taxe a été
votée par un législateur ayant le pouvoir de créer de nouveaux
impôts, l'établissement de cette taxe équivaut à la création d'un impôt
sur l'industrie.

La question est donc celle-ci :

La seule fixation d'un tarif par un législateur est-elle TOUJOURS *suf-
fisante pour impliquer la création d'un impôt?*

Oui certes, il y a des cas où le législateur, en votant une taxe, établit par cela même une nouvelle contribution. Ce sont les cas où la

taxe est elle-même *nouvelle, et ne peut s'expliquer autrement que par*
l'impôt dont l'existence serait contestée.

Supposons, par exemple, que l'impôt des patentes n'ait jamais
existé, et qu'un législateur introduise dans ses tarifications *une taxe*
à payer par les négociants et industriels; il est certain que cette taxe
contiendra l'établissement d'un impôt sur le commerce et l'industrie.

Mais tel n'est pas le cas qui se présente dans l'arrêté du 8 novembre 1848.

En 1848, le droit à la sortie existe depuis trente-huit ans, et il existe
comme impôt sur le sol cultivé.
DROIT A LA SORTIE et IMPÔT FONCIER sont synonymes dans le lan-
gage financier de la Guadeloupe.

C'est ce même droit qu'on retrouve dans l'arrêté du 8 novembre
1848, et pour la première fois il signifierait : IMPÔT SUR LE SOL ET SUR
L'INDUSTRIE !

Pourquoi ? Parce qu'*en fait,* au moment où la taxe de cet impôt
est votée, cette taxe va frapper, en même temps que les anciens produits, le sucre que les premières usines ajoutent à la production de
la colonie !

Voilà ce qu'on pourrait dire si cette taxe du droit à la sortie était
établie sans commentaires dans l'arrêté de 1848.
Mais le législateur explique sa pensée.
Il déclare lui-même qu'il ne fait que tarifer *les anciens impôts.*

« Les contributions... seront perçues DANS LES FORMES ET SUIVANT
« LES DISPOSITIONS DU DÉCRET COLONIAL DU 21 JANVIER 1841, *suivant*
« *les tarifs fixés par le présent.* »

Mais ce n'est pas tout. Le même législateur détermine plus nettement que tous ses prédécesseurs la nature et l'assiette du droit à la sortie, en l'appelant Contribution foncière.

Et c'est ce législateur qui, sans en rien dire, en proclamant même le contraire, aurait créé un nouvel impôt ayant son assiette sur l'industrie !

Il connaissait mieux, on doit le croire, les grands principes qui font à notre époque la sûreté et la sécurité des contribuables. Il savait que notre droit moderne repousse la théorie de la création *tacite* ou *implicite* des impôts.

La création d'un impôt contient toujours une nouvelle atteinte portée dans l'intérêt public à la propriété privée. La propriété est une chose assez sacrée pour que tout sacrifice qu'on lui demande soit hautement et solennellement proclamé avec les raisons propres à le justifier.

La pensée de créer un impôt par l'établissement d'une taxe *dans les termes qui ont servi à voter un autre impôt pendant trente-huit ans*, n'a jamais pu venir à l'esprit d'un législateur.

Jamais surtout aucun législateur n'a pu songer à déterminer, par des expressions solennelles, l'assiette d'un impôt, pour venir ensuite voter une taxe qui serait en contradiction avec cette assiette.

Soutenir que l'arrêté de 1848, qui donne au droit à la sortie le nom de contribution foncière, a créé un impôt sur l'industrie, ce serait presque suspecter la loyauté du législateur.

La vérité est que l'auteur de cet arrêté n'a jamais songé, pas plus que ses prédécesseurs ou ses successeurs, à la question qu'on soulève aujourd'hui, et que dès lors il ne l'a jamais résolue.

L'assiette originaire du droit à la sortie n'a donc jamais été déplacée ; elle repose toujours, depuis 1810, SUR LE SOL CULTIVÉ.

Qu'est-ce donc qui se produit depuis vingt-quatre ans dans tous les budgets de la Guadeloupe ?

Un simple désaccord entre l'assiette et la taxe du droit à la sortie, désaccord résultant de la survenance de nouveaux faits.

L'assiette de ce droit est restée sur le sol cultivé, tandis que la taxe a frappé à la fois le sol et l'industrie sucrière.

Au Conseil général, souverain en matière de taxes, appartenait le droit et incombait le devoir de rétablir l'harmonie entre ces deux éléments.

Le Sénatus-Consulte du 4 juillet 1866 mettait aux mains de cette assemblée tous les pouvoirs nécessaires pour opérer l'œuvre de la rénovation de l'impôt foncier à la Guadeloupe, œuvre de légalité, de justice et de progrès, qu'il eût été glorieux pour elle d'accomplir, mais qu'elle était tenue d'accomplir, sous peine d'excéder les bornes de sa compétence en matière d'impôt.

Veut-on que le Conseil général n'eût pas le droit d'opérer par lui seul cette réforme ? Veut-on soutenir qu'il ne pouvait, sans toucher *aux règles de perception* du droit à la sortie, mettre d'accord *la taxe* et *l'assiette* de cet impôt ?

Il faudra reconnaître alors que cette assemblée était dans une sorte d'impasse. En usant d'autorité souveraine pour modifier la perception de l'impôt, elle violait le Sénatus-Consulte. En votant la taxe comme par le passé, elle faisait une fausse application de l'assiette de l'impôt ; elle excédait donc encore ses pouvoirs.

Mais cette difficulté était facile à surmonter.

Le Sénatus-Consulte de 1866 donne au Conseil général le droit de *délibérer sur l'assiette et les règles de perception des contributions et taxes.*

C'était lé cas pour lui d'user de cette attribution.

Il pouvait, par une délibération qui eût été sans doute approuvée en France, rendre au droit à la sortie son caractère d'impôt foncier.

Au lieu de prendre ce parti, le Conseil général a consacré, cette année encore, *l'empiétement de l'impôt foncier sur l'industrie sucrière.*

En appliquant la même taxe à tous les sucres indistinctement, il a méconnu l'assiette du droit à la sortie.

Son vote sur ce point nous paraît susceptible d'être attaqué avec succès devant la juridiction compétente.

Aux termes de l'article 1er du Sénatus-Consulte du 4 juillet 1866, les délibérations prises par le Conseil général sur les diverses matières énumérées dans cet article, par conséquent sur *le vote des contributions et taxes,* « deviennent exécutoires si, dans le délai d'un mois, à partir « de la clôture de la session, le Gouverneur n'en a pas demandé l'an- « nulation pour excès de pouvoir, pour violation d'un sénatus-con- « sulte, d'une loi ou d'un règlement d'administration publique.

« Cette annulation est prononcée, sur le rapport du Ministre de la « marine et des colonies, par décret de l'Empereur, rendu dans la « forme des règlements d'administration publique.»

Par cette disposition, l'appel des décisions du Conseil général, en matière de contributions et taxes, est dévolu à ~~Conseil d'État~~ l'Empereur en Conseil d'Etat.

Il est vrai que ce texte n'ouvre expressément de recours contre ces décisions qu'au Gouverneur.

C'est qu'effectivement les auteurs de la Constitution de 1866 ont dû supposer que l'Administration locale, tutrice naturelle de tous les intérêts privés de la colonie, serait la première à attaquer toute délibération contraire aux lois et aux principes.

Mais si, pour une cause quelconque, par exemple à raison de son opinion sur une question de droit, le Gouverneur s'abstient d'attaquer une décision du Conseil général, est-ce à dire que le particulier qui se croit gravement lésé dans ses intérêts, devra se soumettre, sans aucune réclamation, à un vote qui contient, dans sa pensée, une atteinte à la propriété privée ?

On ne peut admettre cette interprétation.

Si le Conseil général était réellement *souverain* en matière de taxes, il le serait, comme le Corps législatif, d'une manière absolue, à l'égard de tous, pour l'Administration comme pour les particuliers.

Dès l'instant que la Constitution porte une atteinte à cette souveraineté, elle s'évanouit.

Le Gouverneur dont parle le Sénatus-Consulte, n'est que le représentant des divers intérêts privés dont l'ensemble forme l'intérêt public.

C'est donc en réalité dans l'intérêt privé qu'un recours est ouvert contre les décisions du Conseil général.

Ce recours sera-t-il non recevable quand il sera exercé par la partie elle-même, au lieu de l'être par son mandataire légal ?

Interdire aux particuliers le droit de se pourvoir contre les délibérations du Conseil général en cas d'inaction du Gouverneur pendant le délai qui lui est imparti, ce serait évidemment donner pour supérieur hiérarchique à cette assemblée, le Gouverneur au lieu du ~~Souverain~~ *Souverain en Conseil d'État.*

§ IV. — Dernière considération.

Lorsque le Comité des usines se propose de déférer à une juridiction supérieure le vote d'une taxe qu'il croit illégale, est-ce à dire qu'il prétende soustraire l'industriel au payement des impôts qu'il doit légitimement supporter ?

Loin de lui une pareille pensée.

Il veut que l'industriel paye tous les impôts qu'il doit payer, mais rien de plus.

Et pourquoi payerait-il plus ?

Pourquoi, dans un petit pays où les capitaux sont rares, les récoltes incertaines, les travaux pénibles, les approvisionnements coûteux, l'usure des machines considérable, ses charges seraient-elles plus lourdes que dans le riche pays de France ?

Les fabricants de sucre supportent actuellement, à la Guadeloupe, tous les impôts qui, en France, pèsent sur l'industriel, *à l'exception d'un seul.*

La patente ? Ils y sont assujettis.

Les droits de timbre ? Ils les payent, quand les usines sont fondées par des sociétés, en vertu de la loi du 14 juin 1850.

Le droit sur les sucres ? Leurs sucres y sont soumis à leur arrivée en France.

C'est d'ailleurs un droit de consommation; il ne tient qu'au pouvoir compétent d'en frapper, si cela en vaut la peine, la quantité de sucre d'usine qui se consomme dans la colonie.

Les droits d'entrée sur les objets d'approvisionnement ? Ils les subissent sous le nom d'*octroi de mer.*

L'industriel en paye-t-il de semblables en France ?

Les droits sur la matière première ? Mais la betterave ne supporte pas d'autre impôt que l'impôt foncier, et ce n'est pas l'industriel qui le paye.

Un seul impôt manque à cette liste. C'est *l'impôt foncier* sur les usines considérées comme *propriétés immobilières*, impôt qui frappe *les usines*, on le verra tout à l'heure, sans atteindre *l'industrie*.

QU'ON ÉTABLISSE DONC L'IMPÔT FONCIER SUR LES USINES !

S'il existe en France, à la charge des fabricants de sucre, d'autres impôts que nous omettions, qu'on les établisse aussi.

Mais qu'on ne vienne plus, à l'occasion d'un impôt sur le sol cultivé, faire peser sur le revenu industriel des charges qu'il ne doit pas subir.

L'impôt foncier sur les usines ! Les industriels l'appellent de tous leurs vœux.

Connaît-on la différence entre cet impôt et les charges énormes que le droit à la sortie impose à l'industrie ?

Prenons pour exemple une fabrique de sucre comme celle de D'Arboussier, ayant une valeur immobilière de 2,400,000 francs.
Quel impôt foncier devra-t-elle supporter ?

Cet impôt est perçu, on le sait, sur *la valeur locative* des usines.
En fixant la valeur locative de cette usine à 10 p. 0/0 de son capital, taux assurément fort acceptable, on en portera le chiffre à 240,000 francs.
Si l'impôt foncier est perçu à raison de 5 p. 0/0 de la valeur locative, c'est une somme de 12,000 francs que cette usine payera.

Au lieu de ces 12,000 francs que lui demande-t-on ?

Si l'on suppose le chiffre de sa production porté à 10,000 barriques de sucre, ce qui donne, à raison de 10 francs par barrique, une somme de 100,000 francs d'impôt à la sortie, si ces 10,000 barriques de sucre ne représentent pas plus de matière première que 5,000 barriques de sucre d'habitant, c'est un excédant d'impôt de CINQUANTE MILLE FRANCS dont le droit à la sortie grève cette usine !

Et le jour qu'il plairait au Conseil général de voter une taxe différentielle de 5 francs seulement par barrique de sucre d'usine, c'est une nouvelle charge de CINQUANTE MILLE FRANCS qui viendrait la frapper !

TOTAL : CENT MILLE FRANCS D'IMPÔT, au lieu de DOUZE MILLE FRANCS que lui demanderait la contribution foncière.

On peut même dire : au lieu de HUIT MILLE FRANCS.
En effet, aux termes de l'article 87 de la loi du 3 frimaire an VII, « le « revenu net des fabriques, manufactures, forges, moulins et autres « usines, sera déterminé d'après leur *valeur locative*, calculée par dix « années, *sous la déduction du tiers de cette valeur, en considération du* « *dépérissement, des frais d'entretien et de réparation.* »

Par cet exemple, on peut juger des charges qui pèsent sur toutes les usines de la colonie, grosses et petites, et qui, pour la plupart d'entre elles, ne se résument pas en une simple diminution de bénéfices...

On parle souvent des gros bénéfices des usines. Il semble même qu'on soit tenté de trouver là une excuse aux sacrifices qu'on leur impose.

Ces bénéfices, on ne les contestera pas ici. Non qu'il faille ajouter foi aux exagérations qui sont le cortége naturel des grandes entreprises, — le passé est là pour prouver que le profit de l'industrie, à la Guadeloupe, est à l'état d'espérance plutôt que de fait accompli, — mais parce qu'aucun chiffre de bénéfices ne saurait prévaloir contre la rigueur des principes en matière d'impôt.

Est-ce donc à la Guadeloupe seulement que l'industrie peut réaliser des revenus importants ?

Croit-on qu'en France les bénéfices de certaines industries ne sont pas plus considérables que les revenus des usines ne le seront jamais dans la colonie ?

Cependant avec quelle entente et quelle sollicitude tous les pouvoirs ne veillent-ils pas sur l'industrie, toujours prêts à la protéger contre toute atteinte de l'impôt foncier ?

En France, pour fixer la valeur locative d'un établissement industriel, on prend pour base non seulement le terrain et les bâtiments, mais encore les appareils, machines et ustensiles attachés ou non attachés au fonds. *(Arrêt du Conseil d'État du 8 mai 1841.)*

Mais ce matériel n'entre en ligne de compte qu'au point de vue de la plus grande valeur *immobilière* qu'il peut donner au fonds.

Quant aux produits industriels qui résultent de *l'emploi des appareils*, de *l'exploitation de l'usine*, il est interdit d'en faire état dans la fixation de la valeur locative.

Telle est l'interprétation constante donnée par le Conseil d'État à l'article 87 de la loi du 3 frimaire an VII. *(Arrêts des 6 septembre 1825, 31 décembre 1828, 8 février 1833, 6 juin 1834, 10 janvier et 20 juin 1839, cités au Rép. du J. du Palais, Contrib. directes, nos 67, 68 et 69.)*

Au surplus, le doute n'est plus permis à cet égard, depuis qu'une ordonnance royale, en date du **31 décembre 1828,** a décidé que la valeur locative des usines ou autres établissements de ce genre, serait calculée *non sur les produits qui résultent de l'exploitation,* mais d'après *l'état matériel* de ces établissements, tels qu'ils se comportent au moment où il s'agit de les imposer.

Tel est le respect que tous les pouvoirs en France, Souverain, législateurs, tribunaux, professent pour *l'assiette* des impositions.

Quels plus grands exemples pourraient être proposés soit aux différents pouvoirs qui tiennent dans leurs mains la fortune publique de la colonie, soit aux juges qui seraient appelés à se prononcer sur la validité de leurs actes ?

En résumé, ce que veut le Comité des usines de la Guadeloupe, c'est l'assimilation pure et simple de l'industrie coloniale à l'industrie métropolitaine. Le droit qu'il invoque, c'est le droit commun.

Il ne s'agit pas pour lui d'un gain à réaliser; il s'agit d'une perte à éviter, d'un préjudice à faire cesser.

Il ne vient pas, spéculant sur la rigueur d'un texte, imposer à la justice une de ces décisions qui, en donnant raison à la loi, font souffrir l'équité. L'arrêt qu'il veut obtenir est un arrêt semblable à ceux que le Conseil d'État rend tous les jours pour protéger l'industrie française contre les usurpations de l'impôt foncier.

S'il est reconnu qu'en France le revenu industriel doit être défendu contre les empiétements d'un impôt qui grève l'usine elle-même, à plus forte raison il faut admettre qu'à la Guadeloupe il ne saurait être atteint par un impôt qui a son assiette sur le sol cultivé.

C'est donc avec confiance que le Comité des usines soumettra ses griefs au premier tribunal administratif de l'Empire. Il a pour lui les principes, le droit, l'équité, la jurisprudence. Fort de ces différents appuis, il pourra inscrire en tête de son pourvoi ces paroles d'un ancien, également honorables pour le plaideur et pour le juge :

Justam rem et facilem esse oratum a vobis volo;
Nam injusta ab justis impetrare non decet.

www.ingramcontent.com/pod-product-compliance
Lightning Source LLC
Chambersburg PA
CBHW051613060726
47597CB00004B/1263